PAIDEIA
ÉDUCATION

MIXTE
Papier issu de sources responsables
Paper from responsible sources
FSC® C105338

HONORÉ DE BALZAC

Une fille d'Ève

Analyse littéraire

© Paideia éducation.

1 rue Honoré - 93500 Pantin.

ISBN 978-2-75930-383-0

Dépôt légal : Septembre 2023

Impression Books on Demand GmbH

In de Tarpen 42

22848 Norderstedt, Allemagne

SOMMAIRE

- Biographie de Honoré de Balzac.................................. 9

- Présentation de *Une fille d'Ève*................................. 15

- Résumé du roman.. 19

- Les raisons du succès.. 31

- Les thèmes principaux... 37

- Étude du mouvement littéraire................................... 45

- Dans la même collection... 49

BIOGRAPHIE DE HONORÉ DE BALZAC

Le 10 mai 1799 naît Honoré Balzac à Tours. Il est l'aîné de Bernard-François Balzac et d'Anne-Charlotte-Laure Sallambier. Naissent ensuite Laure en 1800, Laurence en 1802 et Henri en 1807. Mis en nourrice, Honoré est ensuite envoyé en pension à l'âge de cinq ans. De 1807 à 1813, il est interne dans un collège catholique. Un an plus tard, il part vivre à Paris avec sa famille. Il fait des études de droit et travaille à partir de 1816 dans un cabinet d'avoué puis chez un notaire. Sa famille quitte la capitale, le jeune homme vit donc modestement et il rédige une tragédie, *Cromwell*.

Ses sœurs se marient en 1820 et 1821. Un an plus tard, il entame une liaison avec Laure de Berny, de vingt-deux ans son aînée. Ses parents et lui emménagent à Paris, dans le quartier du Marais. Il fait paraître *L'Héritière de Birague*, *Jean-Louis* et *Clotilde de Lusignan* sous le pseudonyme de « Lord R'Hoone », puis *Le Centenaire* et *Le Vicaire des Ardennes* sous celui d'« Horace de Saint-Aubin ». Ce second pseudonyme lui servit encore par la suite, notamment avec le roman *La Dernière Fée*. En 1824, ses parents repartent à Villeparisis. La même année, il fait paraître *Annette et le criminel* signé Horace de Saint-Aubin et, sous l'anonymat, des traités comme *Du Droit d'aînesse* et *Histoire impartiale des Jésuites*. En 1825, Honoré rencontre la duchesse d'Abrantès. La même année, sa sœur Laurence décède et il publie, sous le pseudonyme d'Horace de Saint-Aubin, *Wann-Chlore*.

En juin 1826, il obtient un brevet d'imprimeur et il s'associe avec Laurent Barbier pour créer une fonderie de caractères d'imprimerie. L'affaire finit par s'écrouler au printemps de l'année suivante.

Balzac commence à fréquenter les salons littéraires, notamment ceux tenus par des femmes. Son père décède en 1829. La même année, il signe le roman *Le Dernier Chouan ou La*

Bretagne en 1800 sous son véritable nom, Honoré Balzac. Il en changea plus tard le titre en *Les Chouans*, qui constitue son premier roman de *La Comédie Humaine*. Il signe également *Physiologie du mariage*.

En 1830, Honoré Balzac travaille pour plusieurs revues et journaux, notamment *La Revue de Paris* et *Le Feuilleton des journaux politiques*. Il commence à signer ses textes « Honoré de Balzac ». L'année suivante, il a acquis le statut d'écrivain et mène une vie mondaine tout en se consacrant à l'écriture. Il compose notamment *La Peau de chagrin*.

À partir de 1832, il commence à correspondre avec une admiratrice, Ewelina Hanska, correspondance qui va durer pendant dix-sept ans. Il s'éprend de la marquise de Castries mais la liaison tourne à la déception et il retourne auprès de Laure de Berny, qui est devenue une amie chère. Cette même année, il écrit *Le Colonel Chabert* et *Louis Lambert*.

L'année suivante, Honoré de Balzac rencontre Madame Hanska. Il signe également un contrat avec Madame Béchet pour faire paraître, en douze volumes, les *Études de mœurs au XIXe siècle*. Les douze volumes sont publiés de 1833 à 1837, où l'auteur se place comme observateur et décrit les *Scènes de la vie privée*, les *Scènes de la vie de province*, les *Scènes de la vie parisienne*.

Il écrit *Le Médecin de campagne* et *Eugénie Grandet* en 1833.

En 1834 naît Maria du Fresnay, fille présumée de l'auteur. Ce dernier rencontre la comtesse Guidoboni-Visconti. Il rédige notamment *La Duchesse de Langeais* et *La Fille aux yeux d'or*.

L'année suivante, un début des *Études Philosophiques* est publié aux éditions Werdet. Il revoit Madame Hanska, qui est en voyage avec son époux. Par la suite, ils ne se rencontrent plus pendant huit ans mais continuent à correspondre. La jeune femme, jalouse de ses autres histoires sentimentales, refuse de s'abandonner à lui. Balzac écrit *Le Père Goriot*.

Lionel-Richard Guidoboni-Visconti, un fils présumé de l'auteur, naît en 1836. Honoré de Balzac se retrouve à liquider une affaire qu'il avait fondé, *La Chronique de Paris*. Sa grande amie, Laure de Berny, décède en juillet. Il écrit *Le Lys dans la vallée*, *L'Enfant Maudit*, *L'Interdiction*.

En 1838, Honoré de Balzac se rend notamment chez George Sand. Il compose *La Femme Supérieure* et *La Maison Nucingen*.

Honoré de Balzac est nommé président de la Société des Gens de Lettres en 1839. Il veut être accepté à l'Académie française mais s'efface devant Victor Hugo, qui n'est cependant pas davantage élu. Il écrit *Une fille d'Ève*, *Une princesse parisienne*, *Le Cabinet des antiques*, *Béatrix ou Les Amours forcées*.

Sa pièce de théâtre *Vautrin*, jouée à partir du 14 mars 1840, est interdite deux jours après la première représentation. Honoré de Blazac crée *La Revue Parisienne*, qui ne comporte que trois numéros, de juillet à septembre.

L'année suivante, il signe un contrat avec Charles Furne et plusieurs libraires, dont la librairie Hetzel. Il fait alors paraître dix-sept volumes de *La Comédie Humaine*, le dix-huitième étant publié à titre posthume.

Il écrit plusieurs pièces de théâtre, dont *La Fausse Maîtresse*. *Les Ressources de Quinola* est jouée au théâtre de l'Odéon en mars 1842.

En juillet 1843, Honoré de Balzac rend visite à Madame Hanska, qui a perdu son mari un an et demi plus tôt, à Saint-Pétersbourg. Il écrit une nouvelle pièce pour l'Odéon, *Paméla Giraud*. Il rédige d'autres romans, *Une ténébreuse affaire*, *Honorine*, *Illusions Perdues*.

Deux ans plus tard, Honoré de Balzac rejoint Madame

Hanska à Dresde. Elle est accompagnée de sa fille Anna et du comte Georges Mniszech. Tous les quatre voyagent en Europe. Balzac propose de nouveau sa candidature à l'Académie française.

Il effectue un séjour à Rome avec Madame Hanska, qui accouche d'un enfant mort-né en novembre 1846. Il écrit *La Cousine Bette*, *Petites Misères de la vie conjugale*.

Un an après, Madame Hanska rejoint Honoré de Balzac à Paris. Elle devient sa légataire universelle. Il rédige *Le Cousin Pons*, *La Dernière Incarnation de Vautrin*.

Il assiste au début de la Monarchie de Juillet en février 1848. Il fait jouer *La Marâtre* au Théâtre Historique, mais *Mercadet* n'est pas joué au Théâtre Français. Il rejoint Madame Hanska en Ukraine et reste avec elle jusqu'en 1850.

En 1849, il ne cesse d'enchaîner les crises cardiaques. Il épouse Madame Hanska le 14 mars 1850. Tous deux rentrent à Paris le 20 mai.

Honoré de Balzac décède le 18 août 1850.

Plusieurs éditions posthumes ont lieu, notamment celle des *Œuvres complètes*.

PRÉSENTATION DE UNE FILLE D'ÈVE

Une fille d'Ève fait partie de la collection *Scènes de la vie privée*, issue de *La Comédie Humaine*. Honoré de Balzac écrit *Une fille d'Ève* en 1838. Ce texte suit *Mémoires de deux jeunes mariées* et précède *La Femme abandonnée*. Il paraît d'abord en feuilletons dans la revue *Le Siècle* de décembre 1838 à janvier 1839. Il est ensuite publié en volume aux éditions Furne en 1842, où il est défini comme appartenant à la collection *Scènes de la vie privée*.

Le thème principal est la condition féminine au XIXe siècle, décrite par l'auteur à travers ce récit.

RÉSUMÉ DU ROMAN

Séquence 1

L'histoire débute dans « un des plus beaux hôtels de la rue Neuve-des-Mathurins », qu'un certain Ferdinand du Tillet a acquis. Exerçant le métier de banquier mais considéré comme un parvenu, il a épousé la fille cadette du comte de Granville. La fille aînée de celui-ci a été épousée par un comte, Félix de Vandenesse. Une discussion a lieu entre les deux sœurs. Madame du Tillet tente de consoler sa sœur aînée en proie au désespoir. Nous apprenons qu'elles s'adorent et que toutes deux vivent un mariage malheureux.

Séquence 2

Marie-Angélique et Marie-Eugénie de Granville ont été élevées par une mère « dévote et d'une intelligence étroite ». Éloignées de leur père et de leurs frères, éduquées dans une trop grande rigueur morale et religieuse, les sœurs se soutiennent. Leurs frères ont eu une éducation plus ouverte, ils ont étudié et sont indépendants. Les jeunes filles rêvent de cette indépendance, quitte à épouser le premier venu.

Séquence 3

Le narrateur décrit un fait très commun pour l'époque. Un homme de la haute société préférera épouser une jeune fille dévote, naïve, innocente, qui ignore tout de la vie. Une demoiselle mondaine et ayant reçu un minimum d'éducation risquera de trop réfléchir, d'avoir un regard trop critique. Des deux sœurs, Marie-Eugénie a été la plus surveillée par sa mère pour son caractère jugé trop malicieux. Son époux, despote, continue cette surveillance alors que l'aînée semble plus libre et fréquente la noblesse.

Séquence 4

Les jeunes femmes découvrent qu'elles sont aussi malheureuses l'une que l'autre. Séparées par leur milieu social différent, elles se voient moins. Chacune expose sa situation. La cadette souffre du despotisme et de l'indifférence du mari, l'aînée est mortifiée de subir le regard de la société et d'être dépendante de son époux. Marie-Eugénie apprend l'endettement de sa sœur et est prête à l'aider financièrement, sachant qu'elle pourrait s'adresser à la baronne Delphine de Nucingen, que l'époux laisse plus libre.

Séquence 5

Ferdinand du Tillet se montre soupçonneux en voyant les deux sœurs discuter. Marie-Angélique croit sauver les apparences, mais son beau-frère demeure suspicieux. Une fois la jeune femme partie, il fait comprendre à Marie-Eugénie que l'homme que sa sœur veut aider doit aller en prison. En silence, il se promet de surveiller les actions des jeunes femmes.

Séquence 6

Le narrateur explique que les faits remontent à six ans. Voilà que le comte Félix de Vandenesse, après de nombreuses aventures sentimentales, souhaite se ranger. Son choix se porte sur l'aînée du comte de Granville, à qui il va enseigner les codes de conduite dans la noblesse. D'observatrice timide, la jeune femme devient charmante, intelligente, pleine d'esprit. Mais tout à son enseignement, de Vandenesse semble avoir oublié les sentiments...

Séquence 7

Le changement de Marie-Angélique n'échappe pas aux anciennes conquêtes de son époux. Ces dernières ont connu une jeune fille timide, peu coquette, et les voilà confrontées à une dame qui a acquis beauté, esprit, tenue. La jeune comtesse est aussi jalousée par ses belles-sœurs. Toutes ces femmes entreprennent alors de sympathiser avec elle. En détruisant méthodiquement ses croyances sur le mariage, elles veulent la détourner de sa fidélité conjugale et l'amener à avoir un amant.

Séquence 8

La jeune comtesse fréquente les salons aristocratiques. C'est chez la comtesse de Montcornet qu'elle rencontre Raoul Nathan, dont le narrateur procède à la description du physique et du caractère. Personnage marginal dans un univers de convention, il apparaît certes ridicule, paresseux et lâche, mais il ne manque cependant pas d'ambition et est dévoré de jalousie envers les personnes riches qu'il côtoie. Grand séducteur, il est soucieux de l'apparence mais ne remarque pas encore la jeune comtesse. Cependant, madame d'Espard triomphe de ce qu'elle considère comme un début de réussite.

Séquence 9

On apprend que Lady Dudley, autre ancienne conquête de Félix de Vandenesse, a engagé Raoul Nathan afin qu'il rencontre Marie-Angélique. Raoul Nathan n'a prêté aucune attention à cette dernière. Il passe la soirée avec ses amis Émile Blondet et Eugène Rastignac. Les deux hommes se moquent de la réputation de candeur et de chasteté de la jeune femme et Raoul Nathan revendique sa relation avec une actrice, Florine. De son côté, Marie-Angélique est sous le charme mais son époux n'est pas dupe quant à la réputation de cet homme et de ce qu'il est réellement.

Séquence 10

Marie-Angélique ne parvient pas à résister à l'attrait que Raoul Nathan a exercé sur elle. Elle le rencontre de nouveau en accompagnant son époux au bal donné par Lady Dudley. Décidé à réussir socialement, il veut séduire la jeune comtesse de Vandenesse. Lady Dudley favorise un rapprochement. Marie-Angélique est encore plus séduite mais, en proie aux remords, reproche à son époux d'avoir discuté avec une ancienne maîtresse, madame de Manerville.

Séquence 11

Raoul Nathan a une liaison avec une actrice, Florine, de son vrai nom Sophie Grignoult. Peu talentueuse mais dotée d'un grand esprit, elle connaît cependant bien les ficelles de la société. Malgré des origines obscures, elle s'est fait une place dans cette société. Elle reçoit et se montre même sévère dans la sélection de ses invités, dont l'atout primordial est la richesse. Florine considère Raoul Nathan comme son sauveur, et bien qu'elle le trompe sans vergogne, elle est prête à tout lui sacrifier.

Séquence 12

Florine transmet des informations à Raoul Nathan sur la situation politique actuelle. Malgré les réticences d'Émile Blondet, l'homme décide de fonder un journal sur la politique. Il est prêt à prendre de l'argent chez l'usurier pour monter cette affaire. Florine sacrifie d'elle-même ses propres affaires afin de donner un grand repas pour fêter la future réussite de Raoul Nathan.

Séquence 13

Marie-Angélique et Raoul Nathan entretiennent une relation platonique, car la jeune femme demeure fidèle à son époux. Les deux amants changent dans leur comportement et leur apparence physique. Bien qu'ils souhaitent demeurer discrets sur leur relation, les « amies » de la jeune comtesse ne sont pas dupes et triomphent.

Séquence 14

Leur liaison est révélée au grand jour mais Marie-Angélique est conseillée quant à essayer de rester discrète, afin de ne pas voir sa réputation entachée. Les deux amants ont l'occasion d'échanger paroles et étreintes chez la marquise d'Espard mais ils réalisent qu'allier passion et politique se révèle un projet difficile.

Séquence 15

Vaniteux, Raoul Nathan souhaite se montrer dans toute sa splendeur et commence à s'entendre matériellement avec Ferdinand du Tillet. La comtesse de Vandenesse favorise également son entrée dans les salons aristocrates, mais réclame beaucoup d'attentions à son amant. Cela se fait cependant au détriment des ambitions politiques de ce dernier, ce que la jeune comtesse finit par comprendre. Dès lors, elle décide de rester dans l'ombre, refusant de le voir se détourner de ses devoirs.

Séquence 16

Les de Vandenesse partent en province pour six mois. Raoul Nathan s'est fait beaucoup d'ennemis qui le manipulent, notamment du Tillet qui compte bien l'évincer de la scène politique. Il rencontre la baronne de Nucingen grâce à Marie-Angélique, mais renoue avec Florine, qui ignore son aventure avec la comtesse. Il lui promet de grands rôles dans le but que la jeune femme s'endette. En outre, aveuglé par son orgueil, il oublie toute prudence financière et fait entièrement confiance à du Tillet. La comtesse de Granville revient à Paris, mais Raoul Nathan réussit à tromper les deux femmes.

Séquence 17

La comtesse est vexée de constater que son époux n'a pas changé d'opinion concernant Raoul Nathan. Ce dernier commence à attaquer indirectement le comte par des paroles. Du Tillet oriente Raoul Nathan vers un usurier, Gigonnet, afin de le pousser à toujours plus d'endettement. Florine, qui a voulu l'aider, est saisie à son tour. Il pense à fuir mais refuse de s'embarrasser de la jeune comtesse, qu'il considère comme un fardeau.

Séquence 18

Raoul Nathan commence à songer au suicide. Il adresse ses adieux à sa jeune maîtresse, qui n'en dort pas de la nuit. Lorsqu'elle reçoit une lettre d'adieu le lendemain, elle part à la recherche de son amant. Ce dernier est en train d'essayer de s'asphyxier mais il lui avoue ses dettes. La comtesse demeure à son chevet, dans une chambre d'hôtel, et lui promet de régler l'affaire.

Séquence 19

Retour à la discussion entre les deux sœurs. La liaison entre Raoul Nathan et la comtesse de Granville n'était pas prise au sérieux par du Tillet, avant qu'il ne surprenne la conversation entre les deux sœurs. La comtesse n'ose demander à son époux la somme destinée à éponger les dettes de son amant. Bouleversée, la jeune femme donne une image tragique de son amant, qui est en réalité ridicule et lâche.

Séquence 20

La comtesse se retrouve à mentir à son époux, prétendant s'inquiéter non pour Raoul Nathan, mais pour sa sœur. Son mari lui fait entièrement confiance. Le soir, lors d'une représentation, Marie-Eugénie du Tillet apprend à sa sœur que la baronne Delphine de Nucingen a accepté de prêter l'argent. Cependant, les lettres de change ne devront pas être signées par la jeune comtesse, afin de préserver sa réputation, mais par quelqu'un d'autre. Naïvement, Marie-Eugénie a même menti à la baronne. Raoul Nathan apprend qu'il est sauvé et les deux sœurs rayonnent, fières de leur réussite.

Séquence 21

La comtesse se rend chez son ancien maître de musique, Schmucke, afin de lui demander de signer les lettres de change qu'elle va remettre à Delphine de Nucingen. Ravi de la revoir, le vieil homme accepte sans hésiter. La jeune femme réalise qu'il ne les a jamais oubliées, sa sœur et lui, et veut le revoir rapidement.

Séquence 22

La comtesse se rend chez les de Nucingen, afin de remettre sa garantie et les lettres de change à la baronne. Cette dernière fait amener la somme et fait en sorte de protéger encore la jeune femme, mais elle n'est pas dupe et sait pour qui l'argent est réellement destiné. Son ancien amant, Eugène de Rastignac, lui révèle cependant l'erreur qu'elle a commise en voulant aider Marie-Angélique. Du Tillet est effectivement plus puissant que Raoul Nathan. Ils choisissent de garder le silence à ce sujet.

Séquence 23

L'usurier Gigonnet vient prévenir du Tillet que l'homme a payé. Le banquier est furieux contre son épouse, qui se révolte. Après mûre réflexion, cette dernière se rend compte que la folie amoureuse de sa sœur va la mettre dans une situation compromettante. Marie-Eugénie choisit de tout avouer au comte, afin d'éviter une déchéance sociale et morale. Le comte rembourse la baronne de Nucingen, en sachant qu'elle est au courant de l'affaire. Afin d'avoir des informations sur cet amant qu'il méprise, il promet une ascension sociale pour l'époux de la baronne.

Séquence 24

Le comte prépare un piège pour l'amant : le même soir où Raoul Nathan et Florine se rendront à l'opéra, le comte et la comtesse de Granville seront là, afin que Marie-Angélique se rende compte de la tromperie dont elle est victime. Mais, la veille, il apprend à la comtesse que Raoul Nathan a une maîtresse et que celle-ci lui a prêté de l'argent. Il prétend connaître Florine, à la plus grande stupéfaction de Marie-Angélique.

Séquence 25

Marie-Angélique s'isole puis revient vers son époux, comprenant qu'il sait tout de son histoire sentimentale. Le comte se montre paternel, attentionné et il lui ouvre les yeux sur la société, l'amant, ses prétendues amies. Reconnaissante, elle lui apporte les lettres écrites par son amant. Son époux sait qu'il va falloir récupérer les lettres écrites par son épouse à Raoul Nathan. Il lui conseille également de garder la tête haute et de continuer à sortir.

Séquence 26

Lors du bal, les de Vandenesse sont déguisés et conspirent pour que Florine se rende compte que Raoul Nathan la trompe. La jeune femme refuse d'abord d'écouter le comte, avant d'emmener le couple dans sa demeure, où elle vit avec Raoul Nathan. Elle leur donne le portefeuille où se trouvent les lettres de la comtesse en échange des lettres de change qui compromettent Raoul Nathan dans sa tromperie envers elle.

Séquence 27

Raoul Nathan comprend que Florine est au courant de la situation. Il veut essayer de conquérir à nouveau la comtesse, qui le rejette. Mais son ami Émile Blondet est plus lucide sur Marie et sur les « amis » de Raoul Nathan. Ce dernier continue d'idéaliser la jeune femme et d'essayer d'accéder au pouvoir. Marie-Angélique se rend compte de sa laideur, n'étant plus amoureuse, et demeure reconnaissante envers son époux.

LES RAISONS
DU SUCCÈS

La Révolution française trouve ses débuts en 1785. Avec l'exécution de Louis XVI, la monarchie s'effondre et laisse place à une république, mais la Terreur règne bientôt avec Robespierre à la tête du pouvoir. Robespierre finit par être exécuté. En 1799, suite à un coup d'État, Napoléon Bonaparte devient d'abord Premier Consul avant de se proclamer Empereur en 1804, sous le nom de Napoléon Ier. Le Premier Empire et les guerres napoléoniennes durent jusqu'en 1815. La défaite de Waterloo provoque l'échec et l'exil de l'empereur, avant un retour au pouvoir suivi d'un exil définitif. Par la suite, de nombreux bouleversements politiques vont se dérouler pendant tout le XIXe siècle.

À l'époque de la Restauration, le régime monarchique reprend le pouvoir de 1815 à 1848 mais l'Ancien Régime a disparu. Il y a trois régents successifs : Louis XIII, Charles X, Louis-Philippe Ier.

Suite à la Révolution française, de nombreuses familles de nobles se sont exilées. L'aristocratie a ainsi perdu sa prédominance, laissant place à une bourgeoisie travailleuse avec laquelle les différents régents doivent s'entendre. Charles X tente de faire revenir la noblesse à la tête du pouvoir, en vain. Sous la pression sociale, il finit par abdiquer en faveur de Louis-Philippe Ier en 1830.

Dernier roi de France, Louis-Philippe Ier règne jusqu'en 1848. Il se montre peu dépensier et demeure modeste. Contrairement à son prédécesseur, il n'a pas l'intention de ramener la noblesse au pouvoir. La bourgeoisie se retrouve à assumer un pouvoir politique de plus en plus important. Lorsqu'Honoré de Balzac fait paraître *Une fille d'Ève* en décembre 1838, la France est sous le règne de Louis-Philippe Ier.

La première révolution industrielle a lieu sous le règne de ce souverain. Née au Royaume-Uni, cette révolution se répand progressivement dans toute l'Europe. La France a donc un fort développement économique et industriel, notamment dans les domaines du textile et de la métallurgie. Cette révolution industrielle provoque l'exil des populations de la campagne pour la ville. Les gens se déplacent dans l'espoir de trouver du travail. Une nouvelle classe sociale naît, la classe ouvrière.

Sous l'Ancien Régime, la littérature était réservée à une élite, à savoir le milieu privilégié de la noblesse. Elle devient davantage accessible au XIXe siècle à un public plus diversifié. Ce public est certes moins cultivé et possède peu de moyens financiers, mais avec le colportage et la lecture publique, le goût pour la littérature se répand dans les campagnes.

Le roman devient alors un genre prédominant. Plus facile d'accès par son prix et par la simplicité de son contenu, il est apprécié d'un lectorat qui ne connaît pas la littérature savante.

Pour ce même public, on développe la presse et un sous-genre romanesque, le roman-feuilleton. Émile de Girardin crée *La Presse* en 1835. De nombreux auteurs français, comme Alexandre Dumas, Gustave Flaubert, Honoré de Balzac ou George Sand font paraître leurs romans sous forme de feuilletons.

L'auteur acquiert un nouveau statut. Le mécénat ayant disparu avec l'Ancien Régime, l'écrivain peut alors acquérir des droits d'auteur et n'est plus contraint d'avoir des obligations envers le mécène.

Le romantisme est le mouvement littéraire, culturel et artistique en vogue lors de l'écriture d'*Une fille d'Ève*. Il naît en Allemagne et en Angleterre à la fin du XVIIIe siècle.

Ce mouvement est caractérisé par une opposition virulente à la raison et à la rigueur des canons esthétiques du classicisme. On laisse place à l'émotion, à la sensibilité et à la recherche de l'individu. On s'intéresse à l'exotisme, au passé, à la religion, à la nature. On refuse l'ordre et la normalité. Les romantiques veulent avoir des sentiments exacerbés, ils se sentent à l'écart du monde et veulent le faire ressentir.

En France, les prémices du romantisme apparaissent avec Jean-Jacques Rousseau avant la Révolution française. Rousseau écrit notamment *La Nouvelle Héloïse* et *Les Rêveries du promeneur solitaire*. René de Chateaubriand et Germaine de Staël continuent de développer ce mouvement. Chateaubriand est issu d'une famille aristocrate exilée et il ne peut que constater les changements sociaux qui ont eu lieu suite à la Révolution. Il a notamment écrit *Atala* et *René*. Mais c'est par l'intermédiaire de Germaine de Staël que l'adjectif « romantique » prend tout son sens. D'autres nobles tels Alphonse de Lamartine, Alfred de Vigny ou encore Alfred de Musset font partie de cette première génération romantique. Ce dernier décrit le mal du siècle ressenti par ces auteurs dans son ouvrage *La Confession d'un enfant du siècle*.

La seconde génération d'écrivains romantiques s'impose avec Stendhal, Alexandre Dumas, Victor Hugo. Ce dernier, dans sa pièce de théâtre *Cromwell*, écrit un pamphlet en critiquant le classicisme et en valorisant le préromantisme. Victor Hugo impose une esthétique romantique lors de la représentation de sa pièce *Hernani*. Cette génération est plus critique, plus virulente.

Lors de l'écriture d'*Une fille d'Ève*, le mouvement romantique connaît encore le succès. Il s'éteint dans les années 1850 et est relayé par le courant réaliste. L'ouvrage de Balzac, comme l'ensemble de *La Comédie Humaine*, appartient davantage à ce mouvement littéraire plus axé sur les descriptions et l'importance de la réalité que les sentiments des personnages. Il y a certes une histoire d'amour mais Marie-Angélique de Vandenesse est aveuglée par une passion à cause de sa naïveté et non de son plein gré, tandis que Raoul Nathan, certes épris de la jeune femme, est assoiffé de réussite. Il s'agit donc des prémices du réalisme.

En outre, Honoré de Balzac s'inspire de son entourage et de lui-même pour les personnages de ses romans de *La Comédie Humaine*. Certains traits de caractère de Félix de Vandenesse se retrouvent chez Honoré de Balzac.

Honoré de Balzac est influencé notamment par *La Divine Comédie* écrite par Dante Alighieri entre 1307 et 1321. Ce poète apporte une description des plus réalistes de la civilisation médiévale de son époque. Comme lui, Honoré de Balzac effectue une description qui se veut être la plus précise, la plus réaliste possible d'événements et de personnages de son siècle. Il s'inspire également, en ce qui concerne la description, de Jean de La Bruyère, écrivain au XVIIe siècle d'un seul ouvrage, *Les Caractères ou les Mœurs de ce siècle*, qui décrit également des personnages contemporains à l'auteur.

Auteur contemporain d'Honoré de Balzac, Gustave Flaubert s'inspire de personnages de Balzac pour son roman *L'Éducation Sentimentale*. Émile Zola et, plus tard, Marcel Proust, composent eux aussi un cycle romanesque en prenant exemple sur Honoré de Balzac.

LES THÈMES
PRINCIPAUX

Honoré de Balzac traite principalement, dans ce récit, de la condition féminine. L'éducation, la religion, le mariage et le statut social, voilà des sous-thèmes concernant la femme dans les romans de cet auteur réaliste.

La femme est, dès sa naissance, considérée comme un être inférieur par rapport à l'homme. Elle passe des mains de son père ou de sa mère à celles de l'époux : elle n'est donc que passive et subit les événements. Les filles du comte de Granville, Marie-Angélique et Marie-Eugénie, en sont l'exemple même. Leur mère, « une femme dévote et d'une intelligence étroite », considère qu'il est de son devoir d'élever les demoiselles dans un but précis, le mariage : « Leur mère semblait avoir vu dans ce point, assez essentiel d'ailleurs, l'accomplissement de tous ses devoirs envers le ciel et les hommes. » Il s'agit donc d'apporter une certaine éducation aux jeunes filles de bonne famille afin de les rendre prêtes au mariage.

Les demoiselles de Granville sont éduquées avec la plus grande rigueur religieuse, ce qui les rend chastes, innocentes : « Jamais filles ne furent livrées à des maris ni plus pures ni plus vierges » ; « aucune idée dangereuse, malsaine ou seulement équivoque, ne souilla donc la pulpe blanche de leur cerveau ». Les jeunes filles sont la candeur incarnée, ignorant tout de la vie réelle et destinées avant tout à plaire à leur mari par cette candeur même. Si la comtesse de Granville a agi ainsi, c'est pour obéir à la société patriarcale : « Beaucoup d'hommes, poussés au mariage, préfèrent une fille prise au couvent et saturée de dévotion à une fille élevée dans les doctrines mondaines. [...] Un homme doit épouser une fille très instruite [...] qui de religion ne se soucie guère, et s'est fait à elle-même sa morale ; ou une jeune fille ignorante et pure, comme étaient Marie-Angélique et Marie-Eugénie. » L'homme va donc préférer épouser une jeune fille ignorante afin d'éviter tout conflit conjugal et toute volonté d'indépendance de la part de l'épouse. En effet, une femme cultivée peut avoir un esprit plus prompt à juger, à remettre en question dans une société dominée par les hommes. Par exemple, Félix de Vandenesse, aristocrate plus âgé que Marie-Angélique, veut « une jeune fille élevée dans les données les plus sévères du catholicisme ». Le narrateur va attribuer plusieurs fois le pseudonyme de Marie à Marie-Angélique de Granville, donnant ainsi à la jeune femme une image d'innocence, de chasteté.

La jeune fille naïve va faire son entrée dans la société. Elle devient alors la cible des regards, en particulier des regards féminins très critiques, voire cruels. Dans ce récit, les anciennes conquêtes du comte de Vandenesse sont d'abord dépitées de le savoir marié. Dans cette société, les femmes indépendantes sont redoutées par les hommes, qui préfèrent épouser une jeune fille candide après avoir eu une éducation sentimentale. Mais leur dépit est de courte durée : « Quand ces femmes virent dans madame de Vandenesse une petite femme à mains rouges, assez embarrassée d'elle, parlant peu, n'ayant pas l'air de penser beaucoup, elles se crurent suffisamment vengées. » Une demoiselle sortant du joug familial et n'ayant aucune connaissance de la société et de ses codes est encore ignorante et peut être objet de dérision.

Le comte de Vandenesse finalise l'éducation de son épouse : « Félix expliqua lentement et avec beaucoup d'art à sa femme les choses de la vie, l'initia par degrés aux mystères de la haute société, lui apprit les généalogies de toutes les maisons nobles, lui enseigna le monde, la guida dans l'art de la toilette et de la conversation, la mena de théâtre en théâtre, lui fit faire un cours de littérature et d'histoire. » Malléable, la jeune fille peut ainsi préparer son entrée dans le monde, ce à quoi sa mère n'a nullement prêté attention. Marie-Angélique de Vandenesse va donc devenir disciple de son époux, avant de prendre une certaine indépendance puisqu'elle entre « dans les plus hautes sphères de la société parisienne, la bride sur le cou ». « Vers cette époque, madame Félix de Vandenesse était arrivée à un degré d'instruction mondaine qui lui permit de quitter le rôle assez insignifiant de comparse timide, observatrice, écouteuse [...]. »

Mais cette éducation a pour conséquence que la jeune femme est détestée par son entourage féminin : « Elles entendirent les sifflements flûtés de l'orgueil en colère, elles furent jalouses du bonheur de Félix. » Celles qui commencent à la haïr ne sont autres que ses belles-sœurs : « Ce fut de dangereuses parentes, d'intimes ennemies. » La jeune femme devient alors un objet de manipulation. En effet, cette liberté et cette seconde éducation n'enlèvent rien à sa crédulité. Malgré les attentions dont fait preuve son époux, elle s'ennuie : « Sa femme finit par trouver quelque monotonie dans un Eden si bien arrangé, le parfait bonheur que la première femme éprouva dans le Paradis terrestre lui donna la nausée que donne à la longue l'emploi des choses douces, et fit souhaiter à la comtesse, comme à Rivarol lisant Florian, de rencontrer quelque loup dans la bergerie. » L'influence de ses nouvelles « amies » va faire changer la jeune comtesse.

Le sujet de l'amant est introduit : « L'amant, ce cauchemar des maris » ; « la séduisante figure de l'amant ». Selon madame de Saint-Héreen : « Un amant, c'est le fruit défendu. » D'où le surnom de Ève attribuée à la jeune comtesse de Granville. Jeune femme innocente qui s'ennuie dans son couple, elle est en proie à la tentation de prendre un amant. Avec un amant, il s'agit d'amour, de passion, de tendresse, ce qui n'est pas de mise avec l'époux et le mariage d'intérêt. « Le mariage, mon enfant, est notre purgatoire ; l'amour est le paradis, disait Lady Dudley. » Le mariage est vu comme un fardeau, est subi par la demoiselle qui n'a pas son mot à dire. La relation extra-conjugale est choisie et implique des sentiments, du moins pour la jeune femme.

L'épouse peut malheureusement être secondaire par rapport à la maîtresse de l'époux, ce qui est le cas de la sœur de la comtesse, Marie-Eugénie du Tillet : « Je subis une influence étrangère, celle d'une femme de cinquante ans passés qui a des prétentions et qui domine. » La jeune épouse est mise à l'écart pour une femme plus mûre, surtout lorsqu'il s'agit d'un « mariage d'ambition », un mariage d'intérêt. Si Ferdinand du Tillet, personnage dénué de scrupules et considéré comme un parvenu, a épousé la cadette de Granville, c'est avant tout pour monter socialement, réussir à se faire un nom et une réputation. Pour cela, il utilise l'apparence : « Pour mon mari, je suis le portemanteau de son luxe, l'enseigne de ses ambitions, une de ses vaniteuses affections. »

La femme apparaît donc comme un moyen de fortune, d'ascension sociale pour un homme ambitieux. C'est également le cas de Marie-Angélique de Granville. Si Raoul Nathan se tourne vers elle, c'est bel et bien, du moins au début, pour l'idée de réussite sociale et politique. Voulant imiter son ami Émile Blondel, qui a pu « entrer dans le sentier de la fortune par suite de sa liaison avec madame de Montcornet », il veut suivre le même chemin. « Mon avenir, se dit-il, dépend d'une femme qui appartienne à ce monde. Dans cette pensée, conçue au feu d'un désir frénétique, il tomba sur la comtesse de Vandenesse comme un milan sur sa proie. » Le narrateur le décrit comme « un poète enragé d'ambition », « mordu au cœur par un redoublement d'ambition », ce qui le montre très intéressé et ambitieux, prêt à tout pour avoir à ce qu'il veut.

Par la suite, Raoul Nathan va avoir des sentiments pour

la jeune femme. Mais, traqué suite à des dettes, il va hésiter quant à lui demander de fuir avec lui : « Mais la comtesse le suivît-elle à l'étranger, elle viendrait sans fortune, nue et dépouillée. Elle serait un embarras de plus. » Et il n'hésite pas à faire une tentative de suicide, pauvre tentative, avant d'accepter que la comtesse de Vandenesse soit prête à s'endetter et donc à perdre sa réputation.

Le narrateur fait également allusion aux femmes qui connaissent bien la société et ses ficelles. Plus indépendantes, moins naïves, voire manipulatrices, ces femmes disposent plus librement de leur argent, ont des amants, fréquentent peu leur époux. De nombreuses femmes incarnent cette image de la femme indépendante, à commencer par les anciennes conquêtes du comte de Granville ou Delphine de Nucingen. Cette dernière entretient même une relation amicale avec son ancien amant, Eugène de Rastignac, qui va épouser sa fille. Elle n'est d'ailleurs pas dupe du naïf mensonge que lui fait Marie-Eugénie, et sait que la comtesse de Granville est prête à tout pour sauver son amant : « Seulement la baronne, qui savait Raoul gêné, n'était pas la dupe des deux sœurs ; elle avait bien deviné les mains entre lesquelles irait cet argent […] » Marie-Eugénie a pensé à lui demander son aide car « elle est hardie avec son mari, elle a la disposition de sa fortune, elle [le] sauvera ».

Florine, de son vrai nom Sophie Grignoult, est une comédienne dont les origines sont obscures. Elle a cependant réussi à percer dans la société : « Son succès et sa fortune, elle les devait à Raoul. » C'est une comédienne dépourvue de talent, qui a réussi cependant à se faire un nom. « Pour Florine, la puissance de Raoul était comme un sceptre protecteur : il lui épargnait bien des ennuis, bien des soucis, comme autrefois les grands seigneurs et leurs maîtresses. » Elle s'est donc servie de Raoul Nathan pour se faire connaître, à défaut de monter socialement. C'est cependant une femme « qui lui aurait tout sacrifié » : ses sentiments pour cet homme la font grandement s'endetter sans réfléchir aux conséquences. Quoiqu'intéressée, voire arriviste, elle fait tout de même passer ses sentiments avant sa raison lorsqu'il s'agit de sauver l'homme à qui elle doit tout.

La femme a donc beau être indépendante, elle est prête à sacrifier sa vie pour l'homme qu'elle aime, quitte à s'endetter ou à perdre sa réputation. Mais elle est, à son insu ou non, utilisée par l'homme pour accéder au sommet social.

La femme, naïve ou non, représente l'intermédiaire entre l'homme et la société. Malléable, elle est face à une société dénuée de scrupules, où l'argent et l'ambition sont de mise. Sortant du joug familial et du carcan religieux, la jeune fille n'a aucune connaissance de cette société et n'a été éduquée que dans le but d'être mariée, ce qui explique sa candeur, son innocence. Or, cela risque de la perdre socialement, car une jeune fille naïve va plus facilement voir sa réputation entachée, à l'inverse d'une jeune femme qui connaît la société et ses mécanismes.

Les femmes, confrontées à un mariage d'intérêt, n'ont pas d'autre choix que de jouer le jeu de l'apparence, du luxe, afin de satisfaire la vanité de leur époux. Mais elles prennent leur revanche en apprenant les ficelles de la société, en sachant qu'elles vont servir à l'ambition de leur mari, et en prenant un amant, tout en sachant pertinemment que les hommes se servent d'elles. Elles n'ont donc pas une position enviable dans la société patriarcale.

ÉTUDE DU MOUVEMENT LITTÉRAIRE

En 1850, Louis-Philippe Ier n'est plus au pouvoir. Souhaitant abdiquer en faveur de son petit-fils, le comte de Paris, il a été contraint à l'exil avec sa famille. La Seconde République est proclamée le 24 février 1848. Entre 1830 et 1860, la France a fort un développement industriel suite à la Grande-Bretagne.

Mouvement littéraire et culturel, le réalisme succède au romantisme aux alentours de 1850. Refusant tout sentimentalisme, toute émotion, les auteurs réalistes s'opposent ainsi à leurs prédécesseurs. Ils sont soucieux de retranscrire le plus fidèlement possible la réalité et non de l'idéaliser ou de la romancer. Amenés à se documenter, ils font ainsi preuve de minutie et d'objectivité. Les personnages, les lieux, les événements sont décrits avec réalisme.

Les auteurs réalistes sont amenés à s'intéresser à des classes sociales jusque-là peu abordées dans les romans. Les personnages faisaient en effet partie principalement de la noblesse ou de la bourgeoisie. Des personnages issus de milieux plus modestes avaient une vie idéalisée, par exemple avec les auteurs romantiques. Les ouvriers, les paysans, les prostituées, les artisans ont désormais leur place dans les romans réalistes.

Les thèmes abordés sont contemporains aux auteurs. Il s'agit de décrire la vie provinciale ou urbaine, les relations entre les individus et notamment le mariage arrangé, l'ascension ou la déchéance sociale et financière d'individus, les codes des classes sociales, etc. Les auteurs procèdent également à de grandes descriptions d'endroits où se déroule le récit, par exemple un salon décoré pour des festivités.

Les auteurs, tous de sexe masculin, sont issus de la noblesse ou de la bourgeoisie. Ils ont accès aux études, ce qui leur permet de se tourner vers la littérature. Travailleurs assidus, ils gagnent leur vie par l'écriture et fréquentent les salons mondains de l'époque. Grands séducteurs, ils enchaînent les aventures sentimentales. Ils ont parfois des dettes suite à des échecs financiers pour certaines affaires.

DANS LA MÊME COLLECTION
(par ordre alphabétique)

- **Anonyme**, *La Farce de Maître Pathelin*
- **Anouilh**, *Antigone*
- **Aragon**, *Aurélien*
- **Aragon**, *Le Paysan de Paris*
- **Austen**, *Raison et Sentiments*
- **Balzac**, *Illusions perdues*
- **Balzac**, *La Cousine Bette*
- **Balzac**, *La Femme de trente ans*
- **Balzac**, *Le Colonel Chabert*
- **Balzac**, *Le Lys dans la vallée*
- **Barbey d'Aurevilly**, *L'Ensorcelée*
- **Barbey d'Aurevilly**, *Les Diaboliques*
- **Bataille**, *Ma mère*
- **Baudelaire**, *Les Fleurs du Mal*
- **Baudelaire**, *Petits poèmes en prose*
- **Beaumarchais**, *Le Barbier de Séville*
- **Beaumarchais**, *Le Mariage de Figaro*
- **Beauvoir**, *Mémoires d'une jeune fille rangée*
- **Beckett**, *En attendant Godot*
- **Beckett**, *Fin de partie*
- **Brecht**, *La Noce*
- **Brecht**, *La Résistible ascension d'Arturo Ui*
- **Brecht**, *Mère Courage et ses enfants*
- **Breton**, *Nadja*
- **Brontë**, *Jane Eyre*
- **Camus,** *L'Étranger*
- **Carroll**, *Alice au pays des merveilles*
- **Céline**, *Mort à crédit*

- **Céline**, *Voyage au bout de la nuit*
- **Chateaubriand**, *Atala*
- **Chateaubriand**, *René*
- **Chrétien de Troyes**, *Perceval*
- **Cocteau**, *La Machine infernale*
- **Cocteau**, *Les Enfants terribles*
- **Colette**, *Le Blé en herbe*
- **Corneille**, *Le Cid*
- **Crébillon fils**, *Les Égarements du cœur et de l'esprit*
- **Defoe**, *Robinson Crusoé*
- **Dickens**, *Oliver Twist*
- **Du Bellay**, *Les Regrets*
- **Dumas**, *Henri III et sa cour*
- **Duras**, *L'Amant*
- **Duras**, *La Pluie d'été*
- **Duras**, *Un barrage contre le Pacifique*
- **Flaubert**, *Bouvard et Pécuchet*
- **Flaubert**, *L'Éducation sentimentale*
- **Flaubert**, *Madame Bovary*
- **Flaubert**, *Salammbô*
- **Gary**, *La Vie devant soi*
- **Giraudoux**, *Électre*
- **Giraudoux**, *La Guerre de Troie n'aura pas lieu*
- **Gogol**, *Le Mariage*
- **Homère**, *L'Odyssée*
- **Hugo**, *Hernani*
- **Hugo**, *Les Misérables*
- **Hugo**, *Notre-Dame de Paris*
- **Huxley**, *Le Meilleur des mondes*
- **Jaccottet**, *À la lumière d'hiver*
- **James**, *Une vie à Londres*
- **Jarry**, *Ubu roi*
- **Kafka**, *La Métamorphose*

- **Kerouac**, *Sur la route*
- **Kessel**, *Le Lion*
- **La Fayette**, *La Princesse de Clèves*
- **Le Clézio**, *Mondo et autres histoires*
- **Levi**, *Si c'est un homme*
- **London**, *Croc-Blanc*
- **London**, *L'Appel de la forêt*
- **Maupassant**, *Boule de suif*
- **Maupassant**, *Le Horla*
- **Maupassant**, *Une vie*
- **Molière**, *Amphitryon*
- **Molière**, *Dom Juan*
- **Molière**, *L'Avare*
- **Molière**, *Le Malade imaginaire*
- **Molière**, *Le Tartuffe*
- **Molière**, *Les Fourberies de Scapin*
- **Musset**, *Les Caprices de Marianne*
- **Musset**, *Lorenzaccio*
- **Musset**, *On ne badine pas avec l'amour*
- **Perec**, *La Disparition*
- **Perec**, *Les Choses*
- **Perrault**, *Contes*
- **Prévert**, *Paroles*
- **Prévost**, *Manon Lescaut*
- **Proust**, *À l'ombre des jeunes filles en fleurs*
- **Proust**, *Albertine disparue*
- **Proust**, *Du côté de chez Swann*
- **Proust**, *Le Côté de Guermantes*
- **Proust**, *Le Temps retrouvé*
- **Proust**, *Sodome et Gomorrhe*
- **Proust**, *Un amour de Swann*
- **Queneau**, *Exercices de style*
- **Quignard**, *Tous les matins du monde*

- **Rabelais**, *Gargantua*
- **Rabelais**, *Pantagruel*
- **Racine**, *Andromaque*
- **Racine**, *Bérénice*
- **Racine**, *Britannicus*
- **Racine**, *Phèdre*
- **Renard**, *Poil de carotte*
- **Rimbaud**, *Une saison en enfer*
- **Sagan**, *Bonjour tristesse*
- **Saint-Exupéry**, *Le Petit Prince*
- **Sarraute**, *Enfance*
- **Sarraute**, *Tropismes*
- **Sartre**, *Huis clos*
- **Sartre**, *La Nausée*
- **Senghor**, *La Belle histoire de Leuk-le-lièvre*
- **Shakespeare**, *Roméo et Juliette*
- **Steinbeck**, *Les Raisins de la colère*
- **Stendhal**, *La Chartreuse de Parme*
- **Stendhal**, *Le Rouge et le Noir*
- **Verlaine**, *Romances sans paroles*
- **Verne**, *Une ville flottante*
- **Verne**, *Voyage au centre de la Terre*
- **Vian**, *J'irai cracher sur vos tombes*
- **Vian**, *L'Arrache-cœur*
- **Vian**, *L'Écume des jours*
- **Voltaire**, *Candide*
- **Voltaire**, *Micromégas*
- **Zola**, *Au Bonheur des Dames*
- **Zola**, *Germinal*
- **Zola**, *L'Argent*
- **Zola**, *L'Assommoir*
- **Zola**, *La Bête humaine*
- **Zola**, *Nana*